*Un beso nada más*
*y otros*

# POEMAS
## de AMOR

**Antología y prólogo:** Ana Galán,
excepto *Poema del Renunciamiento*, tomado de la antología *Nada llega tarde*
(Madrid: Betania 2001)
**Ilustraciones:** Mima Castro y Sandra Lavandeira
**Dirección de arte:** Sandra Donin
**Diseño de interior:** Sandra Donin y Martha Cuart
**Diseño de cubierta y caja:** Francisco A. Morais


**Dirección editorial:** Raquel López Varela
**Coordinación editorial:** Ángeles Llamazares Álvarez

© Ana Galán
y EDITORIAL EVEREST, S. A.
Carretera León-La Coruña, km 5 LEÓN
ISBN: 978-84-441-2092-8
Depósito Legal: LE: 64-2012
*Printed in Spain* - Impreso en España

EDITORIAL EVERGRÁFICAS, S. L.
Carretera León-La Coruña, km 5
LEÓN (ESPAÑA)


**www.everest.es**
**Servicio de Atención al Cliente: 902 123 400**

*Un beso nada más*
*y otros*

# POEMAS
## de AMOR

everest

# Prólogo

Amores rotos, amores nuevos, amores viejos, amores celosos, amores que recordamos como algo a lo lejos, amores inalcanzables que nos quitan el sueño, que nos hacen vivir y hasta sentirnos muertos; amores profundos que arden en deseos y al intentar describirlos, solo nos sale un "te quiero". *¿Quién no ha estado enamorado? ¿Quién no se ve reflejado en esos grandes poemas de amor que consiguen pintar lo que guardamos tan dentro?*

Son los grandes poetas de todos los tiempos los que consiguen que nos identifiquemos con sus palabras, que al leer sus poemas y recitar sus versos, sintamos que hablan de nosotros, de nuestro corazón, de nuestros anhelos, de alegrías y de miedos.

Grandes autores, grandes voces de todos los países de habla hispana, de Argentina a México, de España a Guatemala, de Nicaragua a la República Dominicana, se unen para formar una gran selección de poemas de amor que nos acompañarán en los mejores momentos.

*NUESTROS ESCRITORES.*
*NUESTRAS RAÍCES.*
*NUESTROS AMORES.*
*NUESTROS SENTIMIENTOS.*

¿Y qué mejor que zambullirse entre estos versos y dejarse llevar por los acordes de las mejores piezas de música clásica interpretadas por nuevos talentos? Jóvenes músicos han grabado en el CD que acompaña a este libro las piezas más románticas de la música clásica. Las notas del violín, violonchelo y piano son el perfecto acompañamiento para estos poemas de amor. Complementando a la música, para revivir nuestra gran tradición oral, tres grandes voces nos regalan su impresionante interpretación de los poemas.

*Música y literatura, grandes clásicos y jóvenes talentos se unen en la mejor antología de poemas de amor de todos los tiempos.*

*ANA GALÁN*

# Índice de poemas

# Índice de autores

# Lo más natural

Me dejaste –como ibas de pasada–
lo más inmaterial que es tu mirada.
Yo te dejé –como iba tan de prisa–
lo más inmaterial que es mi sonrisa.
Pero entre tu mirada y mi risueño
rostro quedó flotando el mismo sueño.

*Amado Nervo*

# Ayer la vi en el salón

Ayer la vi en el salón
de los pintores, y ayer
detrás de aquella mujer
se me saltó el corazón.

Sentada en el suelo rudo
está en el lienzo: dormido
al pie, el esposo rendido:
al seno el niño desnudo.

Sobre unas briznas de paja
se ven mendrugos mondados:
le cuelga el manto a los lados,
lo mismo que una mortaja.

No nace en el torvo suelo
ni una viola, ni una espiga.
¡Muy lejos, la casa amiga,
muy triste y oscuro el cielo!...

¡Ésa es la hermosa mujer
que me robó el corazón
en el soberbio salón
de los pintores de ayer!

*José Martí*

16

# En un abanico

Pobre verso condenado
a mirar tus labios rojos
y en la lumbre de tus ojos
quererse siempre abrasar.

Colibrí del que se aleja
el mirto que lo provoca
y ve de cerca tu boca
y no la puede besar.

*Manuel Gutiérrez Nájera*

17

# La felicidad

Un cielo azul de estrellas
brillando en la inmensidad;
un pájaro enamorado
cantando en el florestal;
por ambiente los aromas
del jardín y el azahar;
junto a nosotros el agua
brotando del manantial
nuestros corazones cerca,
nuestros labios mucho más,
tú levantándote al cielo
y yo siguiéndote allá,
ese es el amor mi vida,
¡esa es la felicidad!

Cruza con las mismas alas
los mundos de lo ideal;
apurar todos los goces,
y todo el bien apurar;
de los sueños y la dicha
volver a la realidad,
despertando entre las flores
de un césped primaveral;
los dos mirándonos mucho,
los dos besándonos más,
ese es el amor, mi vida,
¡esa es la felicidad!

*Manuel Acuña*

# La dama boba

### (Fragmento)

Amor, señores, ha sido
aquel ingenio profundo,
que llaman alma del mundo,
y es el doctor que ha tenido
la cátedra de las ciencias;
porque solo con amor
aprende el hombre mejor
sus divinas diferencias.

Así lo sintió Platón;
esto Aristóteles dijo;
que, como del cielo es hijo,
es todo contemplación.

De ella nació el admirarse,
y de admirarse nació
el filosofar, que dio
luz con que fundarse
toda ciencia artificial.

Y a amor se ha de agradecer
que el deseo de saber
es al hombre natural.

Amor con fuerza suave
dio al hombre el saber sentir,
dio leyes para vivir,
político, honesto y grave.

Amor repúblicas hizo;
que la concordia nació,
de amor, con que a ser volvió
lo que la guerra deshizo.

Amor dio lenguas a las aves,
vistió la tierra de frutos,
y, como prados enjutos,
rompió el mar con fuertes naves.

Amor enseñó a escribir
altos y dulces conceptos,
como de su causa efectos.

Amor enseñó a vestir
al más rudo, al más grosero;
de la elegancia fue amor
el maestro; el inventor
fue de los versos primero;

La música se le debe
y la pintura. Pues, ¿quién
dejará de saber bien,
como sus efectos pruebe?

*Lope de Vega*

# Ayer te besé en los labios...

Ayer te besé en los labios.
Te besé en los labios. Densos,
rojos. Fue un beso tan corto,
que duró más que un relámpago,
que un milagro, más. El tiempo
después de dártelo
no lo quise para nada ya,
para nada
lo había querido antes.
Se empezó, se acabó en él.

Hoy estoy besando un beso;
estoy solo con mis labios.
Los pongo
no en tu boca, no, ya no...
-¿Adónde se me ha escapado?-.
Los pongo
en el beso que te di
ayer, en las bocas juntas
del beso que se besaron.
Y dura este beso más
que el silencio, que la luz.
Porque ya no es una carne
ni una boca lo que beso,
que se escapa, que me huye.
No.
Te estoy besando más lejos.

*Pedro Salinas*

# Definición del amor

Es hielo abrasador, es fuego helado,
es herida que duele y no se siente,
es un soñado bien, un mal presente,
es un breve descanso muy cansado.
Es un descuido que nos da cuidado,
un cobarde con nombre de valiente,
un andar solitario entre la gente,
un amar solamente ser amado.
Es una libertad encarcelada,
que dura hasta el postrero paroxismo;
enfermedad que crece si es curada.
Este es el niño Amor, este es su abismo.
¡Mirad cuál amistad tendrá con nada
el que en todo es contrario de sí mismo!

*Francisco de Quevedo*

# Mía

Mía: así te llamas.
¿Qué más armonía?
Mía: la luz del día;
Mía: rosas, llamas.
¡Qué aromas derramas
en el alma mía
si sé que me amas,
oh Mía!, ¡oh Mía!
Tu sexo fundiste
con mi sexo fuerte,
fundiendo dos bronces.
Yo, triste; tú triste...
¿No has de ser, entonces,
Mía hasta la muerte?

*Rubén Darío*

# No

La noche te derriba para que yo te busque
como un loco en la sombra, en el sueño, en la muerte.
Arde mi corazón como pájaro solo.
Tu ausencia me destruye, la vida se ha cerrado.
Qué soledad, qué oscuro, qué luna seca arriba,
qué lejanos viajeros por ignorados cuerpos
preguntan por tu sangre, tus besos, tu latido,
tu inesperada ausencia en la noche creciente.
No te aprietan mis manos y mis ojos te ignoran.
Mis palabras buscándote, en pie, inútilmente.
La quieta noche en mí, horizontal y larga,
tendida como un río con las riberas solas.
Pero voy en tu busca, te arranco, te descuajo
de la sombra, del sueño; te clavo en mi recuerdo.
El silencio edifica tu verdad inexpresable.
El mundo se ha cerrado. Conmigo permaneces.

*José Luis Hidalgo*

# El día que me quieras

El día que me quieras tendrá más luz que junio;
la noche que me quieras será de plenilunio,
con notas de Beethoven vibrando en cada rayo
sus inefables cosas,
y habrá juntas más rosas
que en todo el mes de mayo.

Las fuentes cristalinas
irán por las laderas
saltando cristalinas
el día que me quieras.

El día que me quieras, los sotos escondidos
resonarán arpegios nunca jamás oídos.
Éxtasis de tus ojos, todas las primaveras
que hubo y habrá en el mundo serán cuando me quieras.

Cogidas de la mano cual rubias hermanitas,
luciendo golas cándidas, irán las margaritas
por montes y praderas,
delante de tus pasos, el día que me quieras.
Y si deshojas una, te dirá su inocente
postrer pétalo blanco: ¡Apasionadamente!

Al reventar el alba del día que me quieras,
tendrán todos los tréboles cuatro hojas agoreras,
y en el estanque, nido de gérmenes ignotos,
florecerán las místicas corolas de los lotos.

El día que me quieras será cada celaje
ala maravillosa; cada arrebol, miraje
de "Las mil y una noches"; cada brisa un cantar,
cada árbol una lira, cada monte un altar.

El día que me quieras, para nosotros dos
cabrá en un solo beso la beatitud de Dios.

*Amado Nervo*

# No tardaré.
# No llores

No tardaré. No llores.
Yo para ti he cogido
del áspero romero azules flores;
las aves en su nido; cristales en las grutas;
las mariposas en su vuelo incierto;
y de los viejos árboles del huerto
las sazonadas frutas.
Y he aprendido las lánguidas querellas
que cantan al bajar de la montaña
los grupos de doncellas; y la conseja extraña
que, mientras silba ronco
el viento en la vetusta chimenea,
cuenta alrededor del encendido tronco
el viejo de la aldea.

*Porfirio Barba Jacob*

# Bien haya quien hizo

¡Bien haya quien hizo
cadenitas, cadenas;
bien haya quien hizo
cadenas de amor!

¡Bien haya el acero
de que se formaron,
y los que inventaron
amor verdadero!
¡Bien haya el dinero
de metal mejor!
¡Bien haya quien hizo
cadenas de amor!

*Miguel de Cervantes
y Saavedra*

32

# No quiso ser

No conoció el encuentro
del hombre y la mujer.
El amoroso vello
no pudo florecer.

Detuvo sus sentidos
negándose a saber
y descendieron diáfanos
ante el amanecer.

Vio turbio su mañana
y se quedó en su ayer.

*Miguel Hernández*

# ¿Recuerdas?

¿Recuerdas? Una linda mañana de verano.
La playa sola. El vuelo de alas grandes y lerdas.
Sol y viento. Florida... el mar azul. ¿Recuerdas?
Mi mano suavemente oprimía tu mano.
Después, a un tiempo mismo, nuestras lentas miradas
posáronse en la sombra de un barco que surgía
sobre el cansado límite de la azul lejanía,
recortando en el cielo sus velas desplegadas.
Cierro ahora los ojos; la realidad se aleja,
y la visión de aquella mañana luminosa
en el cristal oscuro de mi alma se refleja.
Veo la playa, el mar, el velero lejano,
y es tan viva, tan viva la ilusión prodigiosa,
que a tientas, como un ciego, vuelvo a buscar tu mano.

*Manuel Magallanes Moure*

# El gozo alucinado

El color se me adentra y no lo pinto;
la nota musical llega hasta el fondo
de la entraña cordial, y yo la escondo
en el sacro rincón de su recinto.

El árbol es aliento y no verdura,
germinación de vuelo y no ramaje;
el ojo lo desliga del paisaje
y lo clava en el dombo de la altura.

Apago soles y deseco ríos,
borro matices y deshago formas,
y en propio barro, quebrantando normas,
modelo mundos para hacerlos míos.

Sobrepasa las cosas la mirada,
el sueño crece, lo real esfuma,
y me embarco en las alas de la bruma
corno en una galera aparejada.

*Enrique González Martínez*

# Soneto amoroso

A fugitivas sombras doy abrazos;
en los sueños se cansa el alma mía;
paso luchando a solas noche y día
con un trasgo que traigo entre mis brazos.

Cuando le quiero más ceñir con lazos,
y viendo mi sudor, se me desvía,
vuelvo con nueva fuerza a mi porfía,
y temas con amor me hacen pedazos.

Voyme a vengar en una imagen vana
que no se aparta de los ojos míos;
búrlame, y de burlarme corre ufana.

Empiézola a seguir, fáltanme bríos;
y como de alcanzarla tengo gana,
hago correr tras ella el llanto en ríos.

*Francisco de Quevedo*

# Soñé que tú me llevabas…

Soñé que tú me llevabas
por una blanca vereda,
en medio del campo verde,
hacia el azul de las sierras,
hacia los montes azules,
una mañana serena.
Sentí tu mano en la mía,
tu mano de compañera,
tu voz de niña en mi oído
como una campana nueva,
como una campana virgen
de un alba de primavera.
¡Eran tu voz y tu mano,
en sueños, tan verdaderas!
Vive, esperanza ¡quién sabe
lo que se traga la tierra!

*Antonio Machado*

# Copla VII

Nadie puede ser dichoso,
señora, ni desdichado,
sino que os haya mirado.

Porque la gloria de veros
en ese punto se quita
que se piensa en mereceros.

Así que, sin conoceros,
nadie puede ser dichoso,
señora, ni desdichado,
sino que os haya mirado.

*Garcilaso de la Vega*

# Poema a Emma

No sientas que te falte
el don de hablar que te arrebata el cielo,
no necesita tu belleza esmalte
ni tu alma pura más extenso vuelo.

No mires, niña mía,
en tu mutismo fuente de dolores,
ni llores las palabras que te digan
ni las palabras que te faltan llores.

Si brillan en tu faz tan dulces ojos
que el alma enamorada se va en ellos,
no los nublen jamás tristes enojos,
que todas las mujeres de mis labios,
no son una mirada de tus ojos...

*José Martí*

# Anoche cuando dormía

Anoche cuando dormía
soñé ¡bendita ilusión!
que una fontana fluía
dentro de mi corazón.
Dí: ¿por qué acequia escondida,
agua, vienes hasta mí,
manantial de nueva vida
en donde nunca bebí?

Anoche cuando dormía
soñé ¡bendita ilusión!
que una colmena tenía
dentro de mi corazón;
y las doradas abejas
iban fabricando en él,
con las amarguras viejas,
blanca cera y dulce miel.

Anoche cuando dormía
soñé ¡bendita ilusión!
que un ardiente sol lucía
dentro de mi corazón.
Era ardiente porque daba
calores de rojo hogar,
y era sol porque alumbraba
y porque hacía llorar.

Anoche cuando dormía
soñé ¡bendita ilusión!
que era Dios lo que tenía
dentro de mi corazón.

*Antonio Machado*

# Vergüenza

Si tú me miras, yo me vuelvo hermosa
como la hierba a que bajó el rocío,
y desconocerán mi faz gloriosa
las altas cañas cuando baje al río.
Tengo vergüenza de mi boca triste
de mi voz rota y mis rodillas rudas;
ahora que me miraste y que viniste,
me encontré pobre y me palpé desnuda.

Ninguna piedra en el camino hallaste
más desnuda de luz la alborada
que esta mujer a la que levantaste,
porque oíste su canto, la mirada.
Yo callaré para que no conozcan
mi dicha los que pasan por el llano,
en el fulgor que da a mi frente tosca
y en la tremolación que hay en mi mano.
Es noche y baja a la hierba el rocío;
mírame largo y habla con ternura,
¡que ya mañana al descender al río
la que besaste llevará hermosura!

*Gabriela Mistral*

# Amor casi de un vuelo

Amor casi de un vuelo me ha encumbrado
adonde no llegó ni el pensamiento;
mas toda esta grandeza de contento
me turba, y entristece este cuidado,

que temo que no venga derrocado
al suelo por faltarle fundamento;
que lo que en breve sube en alto asiento,
suele desfallecer apresurado.

Mas luego me consuela y asegura
el ver que soy, señora ilustre, obra
de vuestra sola gracia, y que en vos fío:

porque conservaréis vuestra hechura,
mis faltas supliréis con vuestra sobra,
y vuestro bien hará durable el mío.

*Fray Luis de León*

# Mi esperanza

En una frágil barquilla,
vacilante mi esperanza,
no ve propicia mudanza,
ni mira remota orilla.
Roto el mástil y la quilla
sin remo y vela
triste recela,
que a cada paso
halla un abismo;
y a un tiempo mismo
teme y sospecha, y sin consuelo va
pues un desastre cruel presiente ya.

Desamparada y sin remo
entre peligros se lanza,
donde la vista no alcanza
playa amiga, amigo extremo.
vagando sin rumbo, temo
que airado el cielo
mi pena y duelo
haga mayor,
sin que mi amor
vea propicio;
y el sacrificio
que a mi amada yo hiciera sin tardanza
¡desaparezca también con mi esperanza!

*Enrique Hoyos*

# Eres como una ola

Eres como una ola
de sombra que me envuelve,
y espumeando de amargura pasa,
y entre otras negras olas va a perderse.
¿Adónde vas?
¿De dónde vienes?
¡Solo sé que soy tuyo, que me arrastras!
¡Y cuando tú me dejes,
vendrá acaso otra ola,
como tú ignota y como tú inconsciente,
y sin querer me arrastrará de nuevo
sin saber dónde va ni dónde viene!

*Francisco Villaespesa*

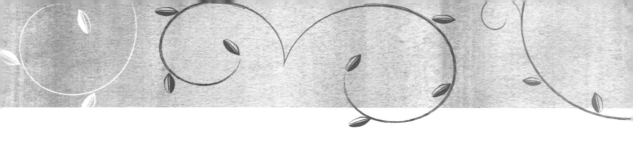

# Te quiero

Te quiero
y me mueves el tiempo de mi vida sin horas.

Te quiero
en los arroyos pálidos que viajan en la noche,
y no termina nunca de conducir estrellas a la mar.

Te quiero
en aquella mañana desprendida del vuelo de los siglos
que huyó su nave blanca hasta el agua sin ondas
donde nadaban tristes, tu voz y mi canción.

Te quiero
en el dolor sin llanto que tanta noche ha recogido el sueño
en el cielo invertido en mis pupilas para mirarte cósmica,
en la voz socavada de mi ruido de siglos derrumbándose.

Te quiero
(grito de noche blanca...)
en el insomnio reflexivo
de donde ha vuelto en pájaros mi espíritu.

Te quiero.
Mi amor se escapa leve de expresiones y rutas,
y va rompiendo sombras y alcanzando tu imagen
desde el punto inocente donde soy yerba y trino.

*Julia de Burgos*

# Apaisement

Tus ojos y mis ojos se contemplan
en la quietud crepuscular.
Nos bebemos el alma lentamente
y se nos duerme el desear.
Como dos niños que jamás supieron
de los ardores del amor,
en la paz de la tarde nos miramos
con novedad de corazón.
Violeta era el color de la montaña.
Ahora azul, azul está.
Era una soledad el cielo.
Ahora por él la Luna de oro va.
Me sabes tuyo, te recuerdo mía.
Somos el hombre y la mujer.
Conscientes de ser nuestros nos miramos
en el sereno atardecer.
Son del color del agua tus pupilas:
del color del agua del amar.
Desnuda, en ellas se sumerge mi alma,
con sed de amor y eternidad.

*Manuel Magallanes Moure*

# Te amo, ¿por qué me odias?

Te amo, ¿por qué me odias?
Te odio, ¿por qué me amas?
Secreto es este el más triste
y misterioso del alma.

Mas ello es verdad... ¡Verdad
dura y atormentadora!
Me odias, porque te amo;
te amo, porque me odias.

*Rosalía de Castro*

# Yo me muero de amor

Yo me muero de amor, que no sabía,
aunque diestro en amar cosas del suelo,
que no pensaba yo que amor del cielo
con tal rigor las almas encendía.

Si llama la moral filosofía
deseo de hermosura a amor, recelo
que con mayores ansias me desvelo
cuanto es más alta la belleza mía.

Amé en la tierra vil, ¡qué necio amante!
¡Oh luz del alma, habiendo de buscaros,
qué tiempo que perdí como ignorante!

Mas yo os prometo agora de pagaros
con mil siglos de amor cualquiera instante
que por amarme a mí dejé de amaros.

*Lope de Vega*

# Hay ojos que miran, hay ojos que sueñan

Hay ojos que miran, hay ojos que sueñan,
hay ojos que llaman, hay ojos que esperan,
hay ojos que ríen, risa placentera,
hay ojos que lloran, con llanto de pena,
unos hacia adentro, otros hacia fuera.

Son como las flores que cría la tierra.
Mas tus ojos verdes, mi eterna Teresa,
los que están haciendo tu mano de hierba,
me miran, me sueñan, me llaman, me esperan,
me ríen rientes, risa placentera,
me lloran llorosos, con llanto de pena,
desde tierra adentro, desde tierra afuera.

En tus ojos nazco, tus ojos me crean,
vivo yo en tus ojos el sol de mi esfera,
en tus ojos muero, mi casa y vereda,
tus ojos mi tumba, tus ojos mi tierra.

*Miguel de Unamuno*

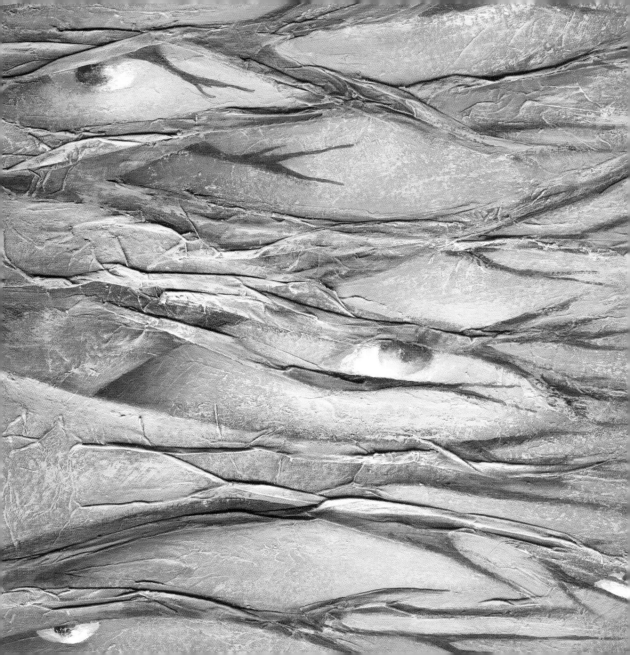

# Esto es amor

Esto es amor, esto es amor, yo siento
en todo átomo vivo un pensamiento.

Yo soy una y soy mil, todas las vidas
pasan por mí, me muerden sus heridas.

Y no puedo ya más, en cada gota
de mi sangre hay un grito y una nota.

Y me doblo, me doblo bajo el peso
de un beso enorme, de un enorme beso.

*Alfonsina Storni*

# Poema inmenso

En estas tardes tu perfil no tiene línea precisa
pues no hay un límite en tu gesto para el principio de tu sonrisa,
pero de repente está en tu boca y no se sabe cómo se filtra
y cuando se va nunca se puede decir si está allí todavía,
lo mismo que tu palabra de la cual jamás oímos la primera sílaba
y nunca terminamos de escuchar lo que decías
porque estás tan cercana en esta lejanía,
que es inútil preguntar cuándo vino tu venida,
pues entonces nos parece que has estado aquí toda la vida
con esa voz eterna, con esa mirada continua,
con ese contorno inmarcable de tu mejilla,
sin que podamos decir aquí comienza el aire y aquí la carne viva,
sin conocer aún dónde fuiste verdad y no fuiste mentira,
ni cuándo principiaste a vivir en estas líneas,
detrás de la luz de estas tardes perdidas,
detrás de estos versos a los cuales estás tan unida,
que en ellos tu perfume no se sabe ni dónde comienza ni dónde termina.

*Joaquín Pasos*

61

# Cerca del agua
# te quiero llevar...

Cerca del agua te quiero llevar
porque tu arrullo trascienda del mar.

Cerca del agua te quiero tener
porque te aliente su vívido ser.

Cerca del agua te quiero sentir
porque la espuma te enseñe a reír.

Cerca del agua te quiero, mujer,
ver, abarcar, fecundar, conocer.

Cerca del agua perdida del mar
que no se puede perder ni encontrar.

*Miguel Hernández*

# Cita con ella

Cuando a mi lecho por la vez primera,
la triste muerte se acercó enlutada,
con suplicante voz le dije: "¡Espera!
¡Me ha prometido un beso mi adorada!"

En otros sitios el dolor te invoca;
busca a los que han gozado y han sufrido;
no siento aún los besos de su boca.
¿Cómo puedo morir si no he vivido?

Hay para todos unas cuantas flores
y muchos cardos; ¡el placer es breve!
Dios me dio ya mi parte de Dolores
mas la parte de dichas… ¡Me la debe!

No pido gloria… ¡nada más un beso!
¡Ni lauros, ni tesoro codiciado!
Quiero sentirme entre sus brazos preso,
y luego diré a Dios: ¡Ya estoy pagado!

Deja, importuna, que aparezca el día;
¡irme no quiero con la noche oscura!
Espera unos instantes todavía…
Un beso nada más… ¡tan poco dura!

Luego vendrás como la triste aurora
tras la noche de amor surge en oriente,
y bajaré a la tumba hospedadora
a soñar con su beso eternamente.

Para todas las flores hay rocío;
todos los años tienen primavera;
déjame a solas con el sueño mío…
Oh, muerte, buena amiga, ¡espera… espera!

Y la enlutada, pálida y hermosa,
por mi súplica amante conmovida,
se alejó de mis labios, y piadosa,
como esperanza me dejó la vida.

Pasan los meses tristes y pausados;
el dulce beso a mi cariño niegas,
y pensando en tus labios adorados,
yo le digo a la muerte: "¿cuándo llegas?"

*Manuel Gutiérrez Nájera*

# Amor

Lo soñé impetuoso, formidable y ardiente;
hablaba el impreciso lenguaje del torrente;
era un mar desbordado de locura y de fuego,
rodando por la vida como un eterno riego.

Luego soñélo triste, como un gran sol poniente
que dobla ante la noche la cabeza de fuego;
después rió, y en su boca tan tierna como un ruego,
soñaba sus cristales el alma de la fuente.

Y hoy sueño que es vibrante y suave y riente y triste,
que todas las tinieblas y todo el iris viste,
que, frágil como un ídolo y eterno como Dios,

sobre la vida toda su majestad levanta:
y el beso cae ardiendo a perfumar su planta
en una flor de fuego deshojada por dos.

*Delmira Agustini*

# El último crepúsculo

El sol en el ocaso apenas arde.
Vienen las sombras de la noche oscura
tras la luz vacilante de la tarde,
y el viento entre los árboles murmura.

Así también, mi sol oscurecido
se lleva de mi vida el dulce encanto.
¡Entre tinieblas vagaré perdido,
y cesará mi triste y flébil canto!

*José María Alemán*

# El rosal y la espina

Si ese rosal examinas,
que riegas tan cuidadosa,
verás que entre cada rosa,
tiene millares de espinas;
y si ligera te inclinas
para cortar un botón,
no extrañes que duro arpón
hiera tu mano pulida;
que los goces de la vida
van con igual condición.

Por un fugace placer,
efímero cual las flores,
en prolongados dolores
el hombre se llega a ver;
y la vida viene a ser,
si con juicio se examina,
como el rosal que Delina
riega y cultiva afanosa:
cada ilusión una rosa,
cada recuerdo una espina.

*Juan Diéguez Olaverri*

# El intruso

Amor, la noche estaba trágica y sollozante
cuando tu llave de oro cantó en mi cerradura;
luego, la puerta abierta sobre la sombra helante,
tu forma fue una mancha de luz y de blancura.

Todo aquí lo alumbraron tus ojos de diamante;
bebieron en mi copa tus labios de frescura;
y descansó en mi almohada tu cabeza fragante;
me encantó tu descaro y adoré tu locura.

¡Y hoy río si tú ríes, y canto si tú cantas; y si duermes,
duermo como un perro a tus plantas!
¡Hoy llevo hasta en mi sombra tu olor de primavera;

y tiemblo si tu mano toca la cerradura;
y bendigo la noche sollozante y oscura
que floreció en mi vida tu boca tempranera!

*Delmira Agustini*

# Sub-umbra

Tú no lo sabes... mas yo he soñado
entre mis sueños color de armiño,
horas de dicha con tus amores,
besos ardientes, quedos suspiros...
Cuando la tarde tiñe de oro
esos espacios que juntos vimos,
cuando mi alma su vuelo emprende
a las regiones de lo infinito,
aunque me olvides, aunque no me ames,
aunque me odies, sueño contigo.

*José Asunción Silva*

# No supe nada

Por la vereda que baja al yurro
marchan dos mozos bajo la tarde;
hay en los fuetes como un susurro
y el Sol poniente parece que arde.

Ella es descalza, de trenza doble,
de ojos muy negros y muy risueña;
él es robusto, tal es un roble,
de manos fuertes y faz trigueña.

Ambos, unidos, marchan del brazo,
entre güitites de fronda verde,
cantando bajan por el ribazo
y la pareja por fin se pierde.

Venus que atisba desde la altura,
los vio ocultarse tras la enramada...
"¡Nunca me olvides!", ella murmura,
y al fin de todo... no supe nada.

*Lisímaco Chavarría*

# Canción

Aquel velo misterioso
que al pudor la noche da,
es más bello y más hermoso
que el sol en su claridad.
Ven, pues, noche, no te tardes,
ven mis dichas a colmar.

Allá lejos tras los montes
escondiéndose el sol va;
esta es la hora venturosa
del placer y de la paz.
Llega, noche, no te tardes,
ven mis dichas a colmar.

Ven, amiga, presurosa,
que mi amor te espera ya,
y cada sombra me engaña
pensando que tú serás.
Llega, noche, no te tardes,
ven mis dichas a colmar.

Las palomas se acarician
y se quejan a la par:
con sus quejas y caricias
dulce ejemplo nos darán.
Llega, noche, no te tardes,
ven mis dichas a colmar.

*José Joaquín de Olmedo*

# Lujuria

Cuando murmuras con nervio acento
tu cuerpo hermoso que a mi cuerpo toca
y recojo en los besos de tu boca
las abrasadas ondas de tu aliento.

Cuando más que ceñir, romper intenso
una frase de amor que amor provoca
y a mí te estrechas delirante y loca,
todo mi ser estremecido siento.

Ni gloria, ni poder, ni oro, ni fama,
quiero entonces, mujer. Tú eres mi vida,
esta y la otra si hay otra; y solo ansío
gozar tu cuerpo, que a gozar me llama,
¡ver tu carne a mi carne confundida
y oír tu beso respondiendo al mío!

*Miguel de Unamuno*

# *Llamé a tu corazón*

Llamé a tu corazón... y no me ha respondido...
pedí a drogas fatales sus mentiras piadosas...
¡en vano! contra ti nada puede el olvido:
¡he de seguir de esclavo a tus plantas gloriosas!

Invoqué en mi vigilia; la imagen de la Muerte
y del Werther germano, el recuerdo suicida...
¡y todo inútilmente! el temor de perderte
siempre ha podido más que mi horror a la vida.

Bien puedes sonreír y sentirte dichosa:
el águila a tus plantas se ha vuelto mariposa,
Dalila le ha cortado a Sansón los cabellos;

mi alma es un pedestal de tu cuerpo exquisito;
y las alas, que fueron para el vuelo infinito,
como alfombra de plumas están a tus pies bellos.

*Medardo Ángel Silva Rodas*

# Mi vida es el silencio de una espera

Mi vida es el silencio de una espera...
Se escapa de mis ojos la mirada,
ansiando contemplar la sombra amada
que en otros tiempos a mi lado viera.

La mano palpa, cual si presintiera
negrear en la atmósfera callada
la seda tibia de su destrenzada,
profusa y olorosa cabellera.

Mi oído de impaciencia se estremece,
un olor a algo suyo el viento exhala...
—¿Estás ya aquí? —le digo, y me parece
que «Aquí estoy», dulcemente, me contesta
aquella voz que pasa como un ala
rozando fugitiva la floresta.

*Francisco Villaespesa*

# Tu rosa y mi corazón

Antes que entre tus labios y mi oído
el ciprés del silencio, largo y mudo,
alce su quieta cima,
de tu palabra en el cristal sonoro
dame una roja rosa, que será
por tu lirismo y tu carne fragante rosa
de amor humano y rosa mística.

La prenderé en mi pecho
sobre la palpitante rosa mía,
y del perpetuo beso el tibio roce
esparcirá sus perfumadas ondas.

Hoy,
ebria de aroma me será brindada
la belleza infinita...
y en mi larva fugaz cuando se apaguen
los armoniosos éxtasis
me envolverán las perfumadas ondas
en su mortaja amante y siempreviva.

Dame una rosa, antes
que el ciprés largo y mudo,
entre nosotros alce su quieta cima.

*María Eugenia Vaz Ferreira*

# Cómo me vas a explicar...

¿Cómo me vas a explicar,
di, la dicha de esta tarde,
si no sabemos porqué
fue, ni cómo, ni de qué
ha sido,
si es pura dicha de nada?
En nuestros ojos visiones,
visiones y no miradas,
no percibían tamaños,
datos, colores, distancias.
De tan desprendidamente
como estaba yo y me estabas
mirando, más que mirando,
mis miradas te soñaban,
y me soñaban las tuyas.

Palabras sueltas, palabras,
deleite en incoherencias,
no eran ya signo de cosas,
eran voces puras, voces
de su servir olvidadas.
¡Cómo vagaron sin rumbo,
y sin torpeza las caricias!
Largos goces iniciados,
caricias no terminadas,
como si aun no se supiera
en qué lugar de los cuerpos
el acariciar se acaba,
y anduviéramos buscándolo,
en lento encanto, sin ansia.

Las manos, no era tocar
lo que hacían en nosotros,
era descubrir; los tactos
nuestros cuerpos inventaban,
allí en plena luz, tan claros
como en la plena tiniebla,
en donde solo ellos pueden
ver los cuerpos,
con las ardorosas palmas.
Y de estas nadas se ha ido
fabricando, indestructible,
nuestra dicha, nuestro amor,
nuestra tarde.

Por eso no fue nada,
sé que esta noche reclinas
lo mismo que una mejilla
sobre este blancor de plumas
-almohada que ha sido alas-
tu ser, tu memoria, todo,
y que todo te descansa,
sobre una tarde de dos,
que no es nada, nada, nada.

*Pedro Salinas*

# *Mariposas*

En tu aposento tienes,
en urna frágil,
clavadas mariposas,
que, si brillante
rayo de sol las toca,
parecen nácares
o pedazos de cielo,
cielos de tarde,
o brillos opalinos
de alas suaves;
y allí están las azules
hijas del aire,
fijas ya para siempre

las alas ágiles,
las alas, peregrinas
de ignotos valles,
que como los deseos
de tu alma amante
a la aurora parecen
resucitarse,
cuando de tus ventanas
las hojas abres
y da el sol en tus ojos
y en los cristales.

*José Asunción Silva*

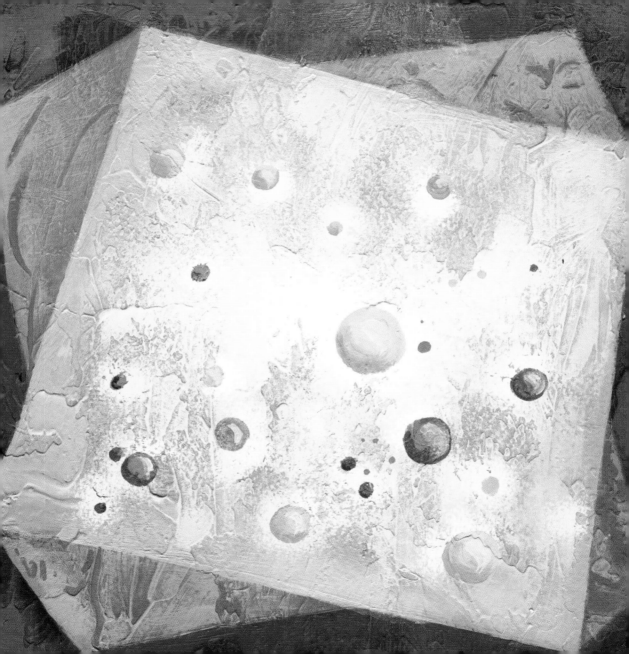

# Ya toda me entregué

Ya toda me entregué y di,
y de tal suerte he trocado,
que mi Amado es para mí
y yo soy para mi Amado.
Cuando el dulce Cazador
me tiró y dejó herida,
en los brazos del amor
mi alma quedó rendida;
y, cobrando nueva vida,
de tal manera he trocado,
que mi Amado es para mí
y yo soy para mi Amado.

Hirióme con una flecha
enherbolada de amor, y mi alma
quedó hecha
una con su Criador;
Ya yo no quiero otro amor,
pues a mi Dios me he entregado,
y mi Amado es para mí
y yo soy para mi Amado.

*Santa Teresa de Jesús Sánchez*

# Cuando mi error y tu vileza veo...

Cuando mi error y tu vileza veo,
contemplo, Silvio, de mi amor errado,
cuán grave es la malicia del pecado,
cuán violenta la fuerza de un deseo.

A mi misma memoria apenas creo
que pudiese caber en mi cuidado
la última línea de lo despreciado,
el término final de un mal empleo.

Yo bien quisiera, cuando llego a verte,
viendo mi infame amor poder negarlo;
mas luego la razón justa me advierte

que solo me remedia en publicarlo;
porque del gran delito de quererte
solo es bastante pena confesarlo.

*Sor Juana Inés de la Cruz*

87

# Poema del renunciamiento

Tomado de la antología *Nada llega tarde* (Madrid: Betania, 2001)

Pasarás por mi vida sin saber que pasaste.
Pasarás en silencio por mi amor, y, al pasar,
fingiré una sonrisa, como un dulce contraste
del dolor de quererte… y jamás lo sabrás.

Soñaré con el nácar virginal de tu frente;
soñaré con tus ojos de esmeraldas de mar;
soñaré con tus labios desesperadamente;
soñaré con tus besos… y jamás lo sabrás.

Quizás pases con otro que te diga al oído
esas frases que nadie como yo te dirá;
y, ahogando para siempre mi amor inadvertido,
te amaré más que nunca… y jamás lo sabrás.

Yo te amaré en silencio, como algo inaccesible,
como un sueño que nunca lograré realizar;
y el lejano perfume de mi amor imposible
rozará tus cabellos… y jamás lo sabrás.

Y si un día una lágrima denuncia mi tormento,
—el tormento infinito que te debo ocultar—,
te diré sonriente: "No es nada … Ha sido el viento".
Me enjugaré la lágrima… ¡y jamás lo sabrás!

*José Ángel Buesa*

# El poeta a su amada

Amada, en esta noche tú te has crucificado
sobre los dos maderos curvados de mi beso;
y tu pena me ha dicho que Jesús ha llorado
y que hay un viernesanto más dulce que ese beso.

En esta noche rara que tanto me has mirado
la Muerte ha estado alegre y ha cantado en su hueso.
En esta noche de septiembre se ha oficiado
mi segunda caída y el más humano beso.

Amada, moriremos los dos juntos, muy juntos;
se irá secando a pausas nuestra excelsa amargura;
y habrán tocado a sombra nuestros labios difuntos.

Y ya no habrá reproches en tus ojos benditos
ni volveré a ofenderte. Y en una sepultura
los dos dormiremos, como dos hermanitos.

*César Vallejo*

# Soneto: Si a veces silencioso

Si a veces silencioso y pensativo
a tu lado me ves, querida mía,
es porque hallo en tus ojos la armonía
de un lenguaje tan dulce y expresivo.

Y eres tan mía entonces, que me privo
hasta de oír tu voz, porque creería
que rompiendo el silencio desunía
mi ser del tuyo, cuando en tu alma vivo.

¡Y estás tan bella, mi placer es tanto,
es tan completo cuando así te miro,
siento en mi corazón tan dulce en tanto,

que me parece, a veces, que en ti admiro
una visión celeste, un sueño santo
que va a desvanecerse si respiro!

*Guillermo Blest Gana*

# Nocturno

Grave fue nuestro amor, y más callada
aquella noche frescamente umbría,
polvorosa de estrellas se ponía
cual la profundidad de una cascada.

Con la íntima dulzura del suceso
que abandonó mis labios tus sonrojos,
delirados de sombra ví tus ojos
en la embebida asiduidad del beso.

Y lo que en ellos se asomó a mi vida,
fue tu alma, hermana de mi desventura,
avecilla poética y oscura
que aleteaba en tus párpados rendida.

*Leopoldo Lugones*

# El alma en los labios

*Para mi amada*

Cuando de nuestro amor la llama apasionada,
dentro de tu pecho amante contemples extinguida,
ya que solo por ti la vida me es amada,
el día en que me faltes me arrancaré la vida.

Porque mi pensamiento lleno de este cariño,
que en una hora feliz me hiciera esclavo tuyo,
lejos de tus pupilas es triste como un niño,
que se duerme soñando en tu acento de arrullo.

Para envolverte en besos quisiera ser el viento,
y quisiera ser todo lo que tu mano toca;
ser tu sonrisa, ser hasta tu mismo aliento,
para poder estar más cerca de tu boca.

Vivo de tu palabra y eternamente espero,
llamarte mía como quien espera un tesoro.
Lejos de ti comprendo lo mucho que te quiero,
y besando tus cartas ingenuamente lloro.

Perdona que no tenga palabras con que pueda,
decirte la inefable pasión que me devora;
para expresar mi amor solamente me queda,
rasgarme el pecho, Amada, y en tus manos de seda,
dejar mi palpitante corazón que te adora.

*Medardo Ángel Silva Rodas*

# Que el clavel y la rosa

Que el clavel y la rosa,
¿cuál era más hermosa?

El clavel, lindo en color,
y la rosa todo amor;
el jazmín de honesto olor,
la azucena religiosa.
¿Cuál es la más hermosa?

La violeta enamorada,
la retama encaramada,
la madreselva mezclada,
la flor de lino celosa.
¿Cuál es la más hermosa?

Que el clavel y la rosa,
¿cuál era más hermosa?

*Tirso de Molina*

# *Silencio*

Cuando tú te quedes muda,
cuando yo me quede ciego,
nos quedarán las manos
y el silencio.

Cuando tú te pongas vieja,
cuando yo me ponga viejo,
nos quedarán los labios
y el silencio.

Cuando tú te quedes muerta,
cuando yo me quede muerto,
tendrán que enterrarnos juntos
y en silencio;
y cuando tú resucites,
cuando yo viva de nuevo,
nos volveremos a amar
en silencio;

y cuando todo se acabe
por siempre en el universo,
será un silencio de amor
el silencio.

*Andrés Eloy Blanco*

# Poemas líricos

Aunque las niñas rubias son muy bellas,
en cuestiones de bucles y cabellos,
quisiera siempre sorprender en ellos
el negro de una noche sin estrellas.
…

Tiene el abismo extrañas tentaciones,
y al ver esos magníficos cabellos,
siente uno ganas de arrojarse en ellos,
como en un mar de oscuras tentaciones.
…

¿Que cante yo al amor? En otros días
me abrasaron sus rojas llamaradas.
Hoy… clasifico las cenizas frías
entre mis glorias muertas y olvidadas.

*Luis Muñoz Rivera*

# Las quejas de su amor

Las quejas de su amor
bellísima parece
al vástago prendida,
gallarda y encendida
de abril la linda flor;
empero muy más bella
la virgen ruborosa
se muestra, al dar llorosa
las quejas de su amor.

Suave es el acento
de dulce amante lira,
si al blando son suspira
de noche el trovador;
pero aún es más suave
la voz de la hermosura
si dice con ternura
las quejas de su amor.

Grato es en noche umbría
al triste caminante
del alma radiante
mirar el resplandor;
empero es aún más grato
el alma enamorada
oír de su adorada
las quejas de su amor.

*José de Espronceda*

# A una novia

Alma blanca, más blanca que el lirio
frente blanca, más blanca que el cirio
que ilumina el altar del Señor:
ya serás por hermosa encendida,
ya será sonrosada y herida
por el rayo de la luz del amor.

Labios rojos de sangre divina,
labios donde la risa argentina
junta el albo marfil al clavel:
ya veréis cómo el beso os provoca,
cuando Cipris envíe a esa boca
sus abejas sedientas de miel.

Manos blancas, cual rosas benditas
que sabéis deshojar margaritas
junto al fresco rosal del Pensil:
¡ya daréis la canción del amado
cuando hiráis el sonoro teclado
del triunfal clavicordio de abril!

Ojos bellos de ojeras cercados:
¡ya veréis los palacios dorados
de una vaga, ideal Estambul,
cuando lleven las hadas a Oriente
a la Bella del Bosque Durmiente,
en el carro del Príncipe Azul!

¡Blanca flor! De tu cáliz risueño
la libélula errante del Sueño
alza el vuelo veloz, ¡blanca flor!
Primavera su palio levanta,
y hay un coro de alondras que canta
la canción matinal del amor.

*Rubén Darío*

# Sursum

No nos separaremos un momento
porque –cuando se extingan nuestras vidas–
nuestras dos almas cruzarán unidas
el éter, en continuo ascendimiento.

Ajenas al humano sufrimiento,
de las innobles carnes desprendidas,
serán en una llama confundidas
en la región azul del firmamento.

Sin dejar huellas ni invisibles rastros,
más allá de la gloria de los astros,
entre auroras de eternos arreboles,

a obedecer iremos la divina
ley fatal y suprema que domina
los espacios, las almas y los soles.

*Juan Ramón Molina*

# Azul de tierra en ti

Parece mar, el cielo
donde me he recostado a soñarte.

Si vieras mi mirada,
como un ave, cazando horizontes y estrellas.

El universo es mío desde que tú te hiciste
techo de mariposas para mi corazón.

Es tan azul el aire cuando mueves tus alas,
que el vuelo nace eterno en repetida ola sin cansancio.

No sé si en ola o nube abrirme la ternura
para rodarme al sueño donde duermes.

Es tan callado el viento,
que he podido lograrte entre los ecos.

Soy toda claridad para estrecharte.

Te he visto con los ojos vivos
como los ojos abiertos de los bosques,
figurándome en risas y quebradas nadando hasta el océano.

Te he recogido en huellas de canciones marinas
donde una vez dejaste corazones de agua enamorados.

Te he sacado del tiempo…

¡Cómo te he levantado en un lirio de luz
que floreció mi mano al recordarte!

¿Por qué me corre el mar?
Tú eres vivo universo contestándome.

*Julia de Burgos*

# *Mirada retrospectiva*

Al llegar a la página postrera
de la tragicomedia de mi vida,
vuelvo la vista al punto de partida
con el dolor de quien ya nada espera.

¡Cuánta noble ambición que fue quimera!
¡Cuánta bella ilusión desvanecida!
¡Sembrada está la senda recorrida
con las flores de aquella primavera!

Pero en esta hora lúgubre, sombría,
de severa verdad y desencanto,
de supremo dolor y de agonía,

es mi mayor pesar, en mi quebranto,
no haber amado más, yo que creía,
¡yo que pensaba haber amado tanto!

*Guillermo Blest Gana*

# Miedo

La sombra de una duda sobre mí se levanta
cuando llega el arrullo de tu voz a mi oído;
miedo de conocerte; pero en el miedo hay tanta
pasión, que me parece que ya te he conocido.

Yo adiviné el misterio cantor de tu garganta.
¿Será que lo he soñado? Tal vez lo he presentido:
mujer cuando promete y nido cuando canta;
mentira en la promesa y abandono en el nido.

Quizá no conocernos fuera mejor; yo siento
cerca de ti el asalto de un mal presentimiento
que me pone en los labios una emoción cobarde.

Y si asoma a mis ojos la sed de conocerte,
van a ti mis audacias, mujer extraña y fuerte,
pero el amor me grita: ¡si has llegado muy tarde!

*Andrés Eloy Blanco*

# Siempre

¡Tú no sabes cuánto sufro! ¡Tú que has puesto mis tinieblas
en mi noche, y amargura más profunda en mi dolor!
Tú has dejado, como el hierro que se deja en una herida,
en mi oído la caricia dolorosa de tu voz.

Palpitante como un beso; voluptuosa como un beso;
voz que halaga y que se queja; voz de ensueño y de dolor.
Como sigue el ritmo oculto de los astros el océano,
mi ser todo sigue el ritmo misterioso de tu voz.

¡Oh, me llamas y me hieres! Voy a ti como un sonámbulo
con los brazos extendidos en la sombra y el dolor.
¡Tú no sabes cuánto sufro! Cómo aumenta mi martirio,
temblorosa y desolada, la caricia de tu voz.

¡Oh, el olvido! El fondo obscuro de la noche del olvido
donde guardan los cipreses el sepulcro del dolor.
Yo he buscado el fondo obscuro de la noche del olvido,
y la noche se poblaba con los ecos de tu voz.

*Ricardo Jaimes Freyre*

# Al dueño de varios amores

Ya que tienes otra dama,
dime cuál será mi estrella:
si tú te quedas conmigo,
o te quedas tú con ella.

Háblame con claridad,
como si hablaras con Dios.
¿A cuál será de las dos
que le das seguridad?
Si es a mí, no hay novedad;
pero si tu amor se inflama
y en resumen se proclama
por aquella y no por mí,
no puedo seguir así,
ya que tienes otra dama.

Yo quisiera que tu amor
para mí solita fuera,
sin que otra se metiera
a gozar de ese primor.
Yo no quiero más dolor
por causa de otra aquella,
y al ponerte mi querella,
como juez de tu conciencia,
para saber tu sentencia:
dime cuál será mi estrella.

Cuál será la suerte mía.
¿A dónde iré a parar?
Eso quiero averiguar
antes de que llegue el día
de verme en más agonía.
y como penando sigo.
Por último, si te digo
que te ofrezco mi amistad
para siempre y de verdad
si tú te quedas conmigo.

Si eres hombre de verdad
no temas en declarar
con quién te vas a quedar
con toda puntualidad.
En esta conformidad
concluyo así mi querella,
que quiero saber mi estrella
que con franqueza te digo:
que o te quedas tú conmigo,
o te quedas tú con ella.

*Juan Antonio Alix*

# Amor eterno

Podrá nublarse el sol eternamente;
podrá secarse en un instante el mar;
podrá romperse el eje de la tierra
como un débil cristal.

¡Todo sucederá! Podrá la muerte
cubrirme con su fúnebre crespón;
pero jamás en mí podrá apagarse
la llama de tu amor.

*Gustavo Adolfo Bécquer*

# Nivel del mar

Es como yo: lo siento con mi angustia y mi sangre.
Hermoso de tristeza, va al encuentro del mar,
para que el Sol y el Viento le oreen la agonía.
Paz en la frente quieta; el corazón, en ruinas;
quiere vivir aún para morir más tiempo.

Es como yo: lo veo con mis ojos perdidos;
también busca el amparo de la noche marina;
también lleva la rota parábola de un vuelo
sobre el anciano corazón.

Va, como yo, vestido de soledad nocturna.
Tendidas las dos manos hacia el rumor oceánico,
está pidiendo al tiempo del mar que lo liberte
de ese golpe de olas sin tregua que sacude
su anciano corazón, lleno de sombras.

Es como yo: lo siento como si fuera mía
su estampa, modelada por el furor eterno
de su mar interior.
Hermoso de tristeza,
está tratando -en vano- de no quemar la arena
con el ácido amargo de sus lágrimas.

Es como yo: lo siento como si fuera mío,
su anciano corazón, lleno de sombras...

*Hérib Campos Cervera*

# Soneto de Gelasia en la Galatea

¿Quién dejará, del verde prado umbroso,
las frescas yerbas y las frescas fuentes?
¿Quién de seguir con pasos diligentes
la suelta liebre o jabalí cerdoso?

¿Quién, con el son amigo y sonoroso,
no detendrá las aves inocentes?
¿Quién, en las horas de la siesta, ardientes,
no buscará en las selvas el reposo,

por seguir los incendios, los temores,
los celos, iras, rabias, muertes, penas
del falso amor que tanto aflige al mundo?

Del campo son y han sido mis amores,
rosas son y jazmines mis cadenas,
libre nací, y en libertad me fundo.

*Miguel de Cervantes y Saavedra*

# Al oído

Si quieres besarme... besa
-yo comparto tus antojos-.
mas no hagas mi boca presa,
bésame quedo en los ojos.

No me hables de los hechizos
de tus besos en el cuello
están celosos mis rizos,
acaríciame el cabello.

Para tu mimo oportuno,
si tus ojos son palabras,
me darán, uno por uno,
los pensamientos que labras.

Pon tu mano entre las mías...
temblarán como un canario
y oiremos las sinfonías
de algún amor milenario.

Esta es una noche muerta
bajo la techumbre astral.
Está callada la huerta
como en un sueño letal.

Tiene un matiz de alabastro
y un misterio de pagoda.
¡Mira la luz de aquel astro!
¡la tengo en el alma toda!

Silencio... silencio... ¡calla!
Hasta el agua corre apenas,
bajo su verde pantalla
se aquieta casi la arena...

¡Oh! ¡Qué perfume tan fino!
¡No beses mis labios rojos!
En la noche de platino
bésame quedo en los ojos.

*Alfonsina Storni*

121

# Tu cabellera

Déjame ver tus ojos de paloma
cerca, tan cerca que me mire en ellos;
déjame respirar el blando aroma
que esparcen destrenzados tus cabellos.

Déjame así, sin voz ni pensamiento,
juntas las manos y a tus pies de hinojos,
embriagarme, en el néctar de tu aliento,
abrasarme en el fuego de tus ojos.

Pero te inclinas... La cascada entera
cae de tus rizos óndulos y espesos.
¡Escóndeme en tu negra cabellera
y déjame morir bajo tus besos!

*Manuel María Flores*

# Amar sin ser querido

Un dolor jamás dormido,
una gloria nunca cierta,
una llaga siempre abierta,
es amar sin ser querido.

Corazón que siempre fuiste
bendecido y adorado,
tú no sabes, ¡ay!, lo triste
de querer no siendo amado.

A la puerta del olvido
llama en vano el pecho herido:
Muda y sorda está la puerta;
que una llaga siempre abierta
es amar sin ser querido.

*Manuel González Prada*

# Un beso nada más

Bésame con el beso de tu boca,
cariñosa mitad del alma mía:
un solo beso el corazón invoca,
que la dicha de dos me mataría.

¡Un beso nada más! Ya su perfume
en mi alma derramándose la embriaga
y mi alma por tu beso se consume
y por mis labios impaciente vaga.

¡Júntese con la tuya! Ya no puedo
lejos tenerla de tus labios rojos.
¡Pronto, dame tus labios! ¡Tengo miedo
de ver tan cerca tus divinos ojos!
Hay un cielo, mujer en tus abrazos,
siento de dicha el corazón opreso.
¡Oh! ¡Sosténme en la vida de tus brazos
para que no me mates con tu beso!

*Manuel María Flores*

# Pequeña letanía en voz baja

Para el recuerdo
de Roque Molinari Laurin.
Donde estuviere.

Elegiré una Piedra.
Y un árbol.

Y una Nube.
Y gritaré tu nombre
hasta que el aire ciego que te lleva
me escuche.
(En voz baja).

Golpearé la pequeña ventana del rocío;
extenderé un cordaje de cáñamo y resinas;
levantaré tu lino marinero
hasta el Viento Primero de tu Signo,
para que el Mar te nombre
(En voz baja).

126

Te lloran: cuatro pájaros;
un agobio de niños y de títeres;
los jazmines nocturnos de un patio
paraguayo.
Y una guitarra coplera.
(En voz baja).

Te llaman:
todo lo que es humilde bajo el cielo;
la inocencia de un pedazo de pan;
el puñado de sal que se derrama
sobre el mantel de un pobre;
la mirada sumisa de un caballo,
y un perro abandonado.
Y una carta.
(En voz baja).

Yo también te he llamado,
en mi noche de altura y de azahares.
(En voz baja).

Solo tu soledad de ahora y siempre
te llamará, en la noche y en el día.
En voz alta.

*Hérib Campos Cervera*

# Ruego

Déjame reposar en tu regazo.
El corazón, donde se encuentra impreso
el cálido perfume de tu beso
y la presión de tu primer abrazo.
Caí del mal en el potente lazo,
pero a tu lado en libertad regreso,
como retorna un día el cisne preso
al blando nido del natal ribazo.
Quiero en ti recobrar perdida calma
y rendirme en tus labios carmesíes,
o al extasiarme en tus pupilas bellas,
sentir en las tinieblas de mi alma
como vago perfume de alelíes,
como cercana irradiación de estrellas.

*Julián del Casal*

# Hora tras hora

Hora tras hora, día tras día,
entre el cielo y la tierra que quedan
eternos vigías,
como torrente que se despeña,
pasa la vida.
Devolvedle a la flor su perfume
después de marchita;
de las ondas que besan la playa
y que una tras otra besándola expiran.
Recoged los rumores, las quejas,
y en planchas de bronce grabad su armonía.

Tiempos que fueron, llantos y risas,
negros tormentos, dulces mentiras,
¡ay!, ¿en dónde su rastro dejaron,
en dónde, alma mía?

*Rosalía de Castro*

# Vienes a mí...

Vienes a mí, te acercas y te anuncias
con tan leve rumor, que mi reposo
no turbas, y es un canto milagroso
cada una de las frases que pronuncias

Vienes a mí, no tiemblas, no vacilas,
y hay al mirarnos atracción tan fuerte,
que lo olvidamos todo, vida y muerte,
suspensos en la luz de tus pupilas.

Y en mi vida penetras y te siento
tan cerca de mi propio pensamiento
y hay en la posesión tan honda calma,
que interrogo al misterio en que me abismo
si somos dos reflejos de un ser mismo,
la doble encarnación de una sola alma.

*Enrique González Martínez*

131

# Poemas recitados y música para enamorarse

CD que acompaña a este libro

## POEMAS RECITADOS

### Interpretación de "El Vasco", Darío Odriozola

Ayer te besé en los labios… / No / Te amo, ¿por qué me odias? / Esto es amor / Cita con ella / Silencio / Mirada restrospectiva / Siempre

### Interpretación de A. Ávila

La felicidad / El día que me quieras / Añoche cuando dormía / Sub-umbra / Amor eterno / Un beso nada más

### Interpretación de J. A. del Río

¿Recuerdas? / Eres como una ola / Hay ojos que miran / Cerca del agua te quiero llevar / Poema del renunciamiento / Amar sin ser querido

## PIEZAS MUSICALES

### Coordinación de repertorio: Gjilberta Lucaj-Gelaj

Après un rêve, Op. 7, Nº 1. *Gabriel Faure*
Garry Ianco, violín / Carmine AuFiero, piano

Nocturno Op. 9  Nº 2. *Frédéric Chopin*
Gjilberta Lucaj-Gelaj, violonchelo / Ching I-Lee, piano

Requiem Op. 66 para tres violonchelos y piano. *David Popper*
Gjilberta Lucaj-Gelaj, violonchelo I / Ming Kyong Lee, violonchelo II / Suji Kim, violonchelo III / Sohyun Ahn, piano

Nocturno Op. Post. Nº 49. *Frédéric Chopin*
Ching I-Lee, piano

El cisne (de "El carnaval de animales"). *C. Saint-Saens*
Álvaro Galán, violonchelo / Ching I-Lee, piano

Meditación (de la ópera "Thais"). *J. Massenet* (Arr. *AuFiero*)
Garry Lanco, violín / Carmine AuFiero, piano

Preludio para violonchelo. *Eric Maltz*
Gjilberta Lucaj-Gelaj, violonchelo / Eric Maltz, piano

Romance. *C. Debussy*
Gjilberta Lucaj-Gelaj, violonchelo / Carmine AuFiero, piano